ありがとうの花

いのまた みちこ 詩集
串田 敦子 絵

JUNIOR POEM SERIES

もくじ

ありがとうの花

わたしは　わたし

ありがとうの花

ありがとうの花

ぬぎすてたくつを
そろえてくれる小さな手
おとしたさいふを
とどけてくれる人

「ティッシュとってちょうだい」と
お願いすれば
「はい　どうぞ」

「ありがとう」

親切のお返しはありがとう
小さいありがとうがいっぱい
ありがとうの花がさく

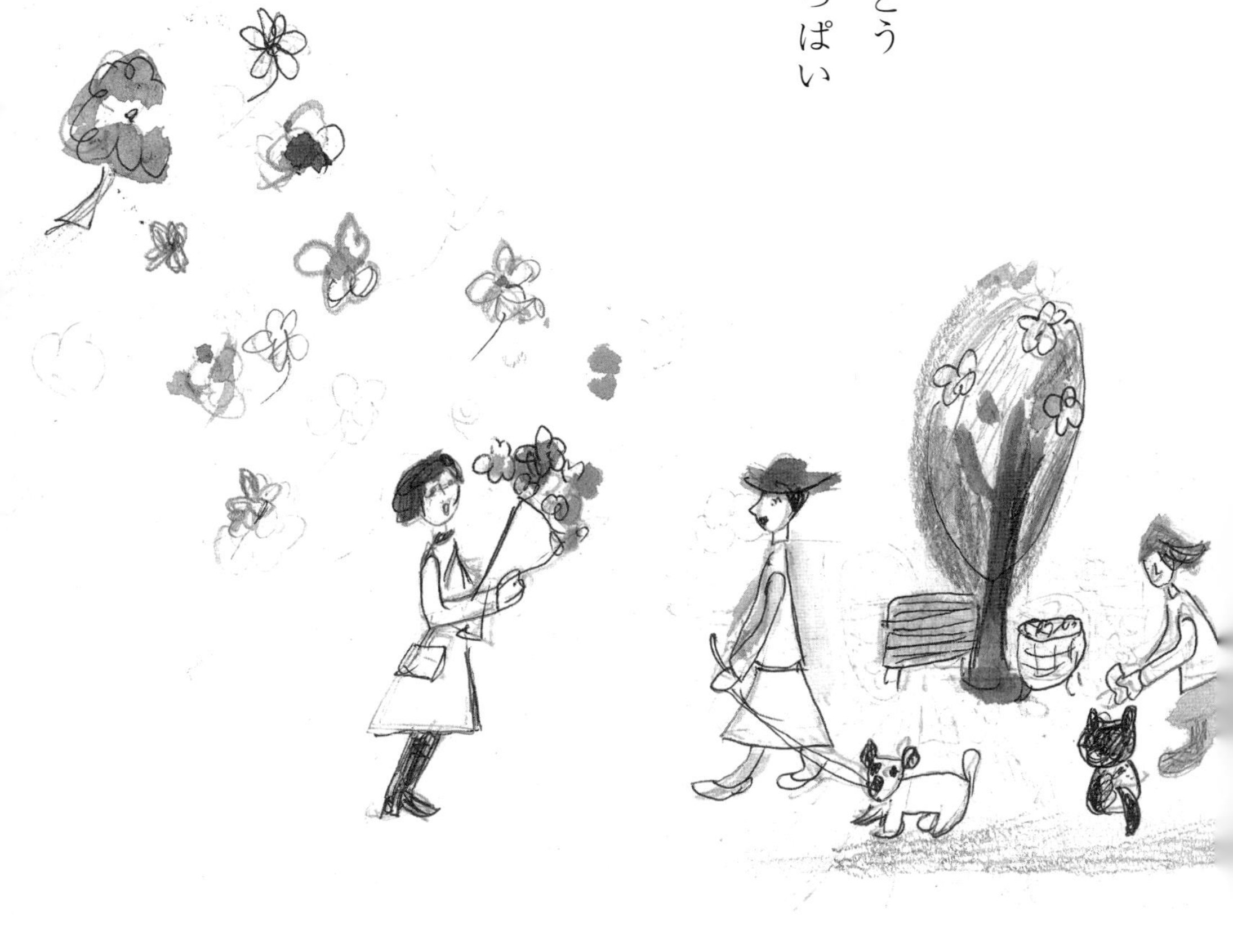

天使のほほえみ

生まれたばかりの赤ちゃん
ママのかたわらに
すやすや　ねむっている

天使がやどり
ほほをゆるませて　にっこり
わたしが大きくなるまで
よろしくね　といっているように

ママの胸《むね》にだかれて
おっぱいをのんでいる
目と目を　あわせながら

天使がやどり
のむのをやめては　にっこり
わたしにおいしいお乳《ちち》を
ありがとう　といっているように

注　新生児の微笑《ほほえ》みは、よく「天使のほほえみ」といわれる。

赤ちゃんって　いい名前

赤ちゃんって　いい名前
英語でベービー　フランス語でべべ
イタリーでバンビーノ　中国ではワーワー
赤って意味は　ないけれど
赤ちゃんって　いい名前

あ・か・ちゃん
春が　ささやいた

あ・か・ちゃん
風が　キスをした
ラララ…　ラララ…
ラララ…　ラララ…

昨日より今日　今日より明日
小さくまたたくまつ毛　日に日にのびて
好きな人への　愛が宿る
赤ちゃん

白ちゃんって　いい名前
生まれたばかりは　白い赤ちゃん

それからすぐに肌《はだ》が　赤くなっていく
生命《いのち》のフシギが　あるけれど
白ちゃんも　いい名前

し・ろ・ちゃん
星が　またたいた
あ・か・ちゃん
宇宙《うちゅう》が　抱《だ》きしめた
ラララ…　ラララ…
ラララ…　ラララ…

壊《こわ》れそうな　小さな生命

力強く握《にぎ》りしめた　こぶしの中に
あなたの世界　未来がある
赤ちゃん

壊れそうな　小さな生命
力強く握りしめた　こぶしの中に
あなたの世界　未来がある
赤ちゃん　赤ちゃん

寝息《ねいき》

冬の日だまりのなかで
母さんはあみもの
かたわらに
横たわっている赤ちゃん

生きているのやら
死んでいるのやら
わからない寝顔《ねがお》

そっと　うかがう指先に
あたたかい寝息
ほっとする一瞬《いっしゅん》
ふたたび
時間はながれる

いない　いない　バァ

「いない　いない　バァ」
という遊びは
とても不思議です
そのたびに　あなたは
泣きだしそうになったり
喜んだり
ママは面白《おもしろ》がって
何回も「いない　いない　バァ」

「いない　いない」は死
「バァ」は生
生と死のくりかえし遊び
何回死んでも　生きかえります
けれど　ヒトにはいつか
ほんとうの「いない　いない」が
きます

星影《ほしかげ》のララバイ

ぼんやりと　ふくらんだ　赤い夕日
西空に　間違《まちが》いなく　沈《しず》んでゆくの
衣《きぬ》ずれの音がして　夜のとばり降《お》りる
やがて　人も街も　眠《ねむ》りに落ちてゆく

眠る時間を　見つけられなくって
眠る術《すべ》を　知らなくって
あなたは　おめめ　パッチリ冴《さ》えている

ほら　お外はもう　満天の星空よ

流れ星　ひとつ
さぁ　おめめを閉《と》じなさい
流れ星　ふたつ
そう　おめめを閉じなさい
流れ星　みっつ
おやすみ　赤ちゃん

ふんわりと　あったかい　ママの背中《せなか》
負《お》ぶされて　見上げる空　赤く染《そ》まってる
風の泣く音がして　一番星光る

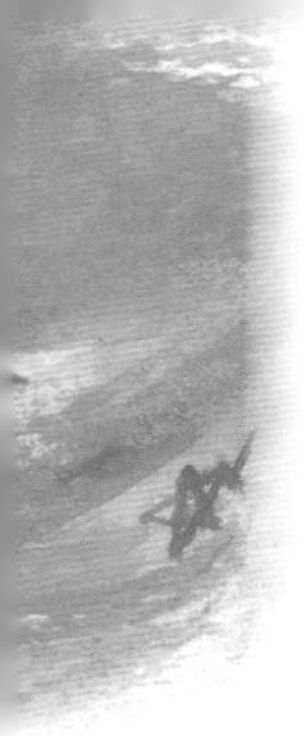

なぜか　悲しくって
あなたは泣きじゃくる

この広い宇宙《うちゅう》　この地球に生まれて
おぼつかない　小さな生命《いのち》
あなたの　肉塊《にっかい》　空間をただよって
そう　夜と昼を
往《い》ったり来たりしてる

星たちが　ささやく
ほら　お耳をすましなさい
星たちが　歌うよ

そう　お耳をすましなさい
星たちが　うなずく
おやすみ　赤ちゃん

そう　お耳をすましなさい
そう　おめめを閉《と》じなさい
おやすみ　赤ちゃん

はじめての第一歩

ママは　食事の準備《じゅんび》中
あなたは　おへやのなかで
えほんを　めくっていました

つと　床《ゆか》から立ちあがるや
足を踏《ふ》みだして　一ぽ二ほ三ぽ
いつも
ママの方へ甘《あま》えてくるあなたが

ママとは反対の方向へ
それは　未来への第一歩であり
人生の旅立ちのはじまり
流しの窓《まど》ガラスに
こぶしの花が　ゆれていました

歩く

歩きはじめた　あかちゃん
りょうてをあげて
バランスとっている
少し歩いては　止まり
また歩く
はるの　ひざしのなかを
おとなになった　かあさんも

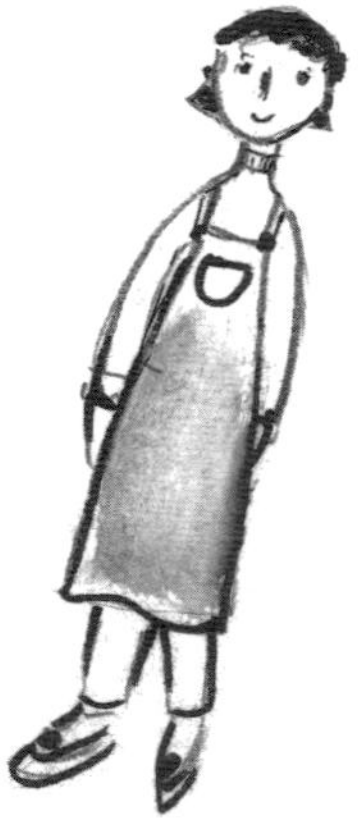

なやんだり　まよったりしながら
少し歩いては　止まり
また歩く
ふゆの　きたかぜのなかを

One《ワン》 Year《イヤー》 Old《オールド》 Birthday《バースデイ》

おめでとう　この広い空に
おめでとう　白い花　クローバーたちに
そしてもうひとつ　おめでとう
今日はあなたの
One Year Old Birthday

きらきら　太陽の光のもと
クローバーの花　咲《さ》きつづく

野原に　あなたといる　幸せ
クローバーの花で　編《あ》んだ冠《かんむり》
ママからの　プレゼント
まるで　お姫様《ひめさま》のよう

時のかなたから　愛をつれた
王子様　来るかしら
今日はあなたの
One Year Old Birthday

こよなく　パパとママに愛されて

この世に咲《さ》いた　生命《いのち》の花
あなたに　出会えたこと　幸せ

初めて一人で　寝返《ねがえ》りしました
お座《すわ》りも　できました
今日は　アンヨ記念日

初めてが一つずつ重なって
大人に　なってくのね
今日はあなたの
One《ワン》 Year《イヤー》 Old《オールド》 Birthday《バースデイ》

おめでとう　この広い空に

おめでとう　白い花クローバーたちに
今日はあなたの
One Year Old Birthday
Happy《ハッピー》 Birthday《バースディ》

夢《ゆめ》のなかへ

子どものねがおは　かわいい
みていて　あきない

あら　幸せそうに　ほほえんでいるよ
白馬にまたがった　王子さまに
プロポーズされているの？

あらら　お口がへのへのもへじ

どんな　かなしいことにあっているの？
ママは
あなたの　夢のなかへ
はいりたい

ゆめのくに

ゆめのくにの
扉《とびら》がひらいた
ぼくは　すいこまれるように
なかへはいった
そして　ねむりにおちた

ゆめのくには
ぼくが　赤ちゃんのころ

母さんの胸《むね》にだかれて
ねむっていた
大きなゆりかご
母さんの匂《にお》いがした

夢《ゆめ》のかなう時代に

机《つくえ》の引きだしの中
いくらさがしても　見つからないよ
あなたの　つぶらな瞳《ひとみ》のなか　ドリーム

洋服のうらおもて
いくらめくっても　出てこないよ
あなたの　黒すぎる瞳のなか　ドリーム

願えば　かなうよ
がんばれば　かなうよ
夢のかなう時代に　生まれたのだから
祈《いの》れば　かなうよ
がんばれば　かなうよ
夢のかなう時代に　生まれたのだから

ぼくの妹

とぉちゃんの　ほっぺに
ほほずりしたら
チク　チク
おひげがいたい

かぁちゃんの　おむねに
おかお　うめたら

ふわ　ふわ
いいきもち

あかちゃんの　ねいきに
てのひら　あてたら
すぅー　すぅー
あたたかーい

生まれたばかりの
ぼくの妹だ

「おーい」

「おーい」
天から子どもたちの声が降《ふ》ってきた
見上げると
青空を背中《せなか》にせおって
呼《よ》びかけている

「おーい」と
大きく手をふって答える

保育所《ほいくしょ》の屋上であそぶ
空のなかの子どもたちに
また「おーい」と呼《よ》びかけてくる
「おーい」と答える
「おーい」と「おーい」のキャッチボール

梅雨晴《つゆば》れの空のなか

どっちがすき

パパとママは　それぞれに
どっちがすき　とたずねる
パパの時は　「パパ」
ママの時は　「ママ」

パパとママが　お話ししてる
わたしは「パ・マ」と呼《よ》んだ
二人は　にっこり笑った

「パ・マ」だーいすき

あなたがいる

小さな手で　ティッシュ持ってきて
涙《なみだ》拭《ふ》いてくれる　あなたがいる
そっと　ママの膝《ひざ》に座《すわ》って
抱《だ》かれてくれる　あなたがいる

あなたがいて　ママがいる
ママがいて　あなたがいる
何のフシギも　ないけれど……

夕焼け空見ていると　涙が滲《にじ》む

悲しいことは　半分コ
辛《つら》いことも　半分コ
あした　また　陽《ひ》はのぼるよ
あなたとの　出会いに　ありがとう

足どり軽く　上手《うま》くなったでしょうと
スキップしてみせる　あなたがいる
ママも　やってごらんと手をとり
得意に教える　あなたがいる

あなたがいて　ママがいる
ママがいて　あなたがいる
何のフシギも　ないけれど……
お庭に咲《さ》いたすみれの花に　頬《ほお》よせる

嬉《うれ》しいことは　その二倍
楽しいことも　その二倍
ごらん　すみれもスキップしてる
あなたとの　出会いに　ありがとう
あなたとの　出会いに　ありがとう

公園で

公園の芝生《しばふ》広場を
かけまわる　かけまわる
そして　大の字になってねころぶ

冬の日ざしが　暖《あたた》かく
晴れわたる　青空
背《せ》なかに　大地の鼓動《こどう》

「いい感じがする」と
ぼくは　声を放つ
しばらく　マグネット

バネのように　身体がはじけ
また　かけまわる　かけまわる
かけまわる

そんなぼくを
パパは　遠くから
見守っていてくれる

あした三歳《さい》

昨夜の　激《はげ》しい雨が晴れて
光まぶしい　朝の空
白い星くず　砕《くだ》け落ち
みどりの葉末《はずえ》に　くるめき輝《かがや》く

あなたは　あした三歳
HAPPY《ハッピー》 BIRTHDAY《バースディ》

突然《とつぜん》　弾《はじ》けたように

あなたは　走り出す
二つの足　たがい違《ちが》いに　操《あやつ》って
公園の芝生《しばふ》の上　ちいさくなってく

光のかたまり　ENERGY《エナジー》
転がってゆく　永遠《えいえん》にむかって
あなたは　あした三歳
HAPPY BIRTHDAY

一人で　絵本を見ているあなた
静かに夜が　おりてくる
ママはお勝手で　忙《いそが》しい
水の音色《ねいろ》が　眠《ねむ》りを誘《さそ》う

あなたは　あした三歳《さい》
HAPPY《ハッピー》 BIRTHDAY《バースディ》

駆《か》け寄《よ》り　身をすりよせて
あなたは　甘《あま》え出す
こうして　ママのお腹《なか》にいたよと
くるまる姿《すがた》　愛《いと》しい　まぁるくなって

生命《いのち》のかたまり　ENERGY《エナジー》
とび立ってゆく　未来にむかって
あなたは　あした三歳
HAPPY BIRTHDAY

光のかたまり　ENERGY
転がってゆく　永遠《えいえん》にむかって
あなたは　あした三歳
HAPPY BIRTHDAY

生命のかたまり　ENERGY
とび立ってゆく　未来にむかって
あなたは　あした三歳
HAPPY BIRTHDAY

わたしは　わたし

わたし

わたしは　わたし
ゾウでもない
アリでもない
わたしは　わたし

わたしは　あなたでもない
あなたは　わたしでもない
わたしは　わたし

わたしって　なんだろう

星の美しい夜
キミと小高い丘《おか》にいる
そよぐことを　忘《わす》れた風
きらめく　星の海
星たちの　ささやく音色《ねいろ》は
青いメロディ

導《みちび》かれて　わたしは星になる
キミも　星になる
あなたも
ゾウも　アリも

あした

朝のやさしい光の口づけに
まぶたがぱっちり開く
生きている幸せ
しみじみ味わう

こうして
いくつもいくつも
あしたを重ねて

わたしは生きる
希望という
あしたを重ねて

おやすみ　こやすみ

わたしは　ママにいう
「親すみなさい」と
ママは　親だから

ママは　わたしにいう
「子やすみなさい」と
わたしは　子だから

ママと　わたしの
「おやすみ」
「こやすみ」

今日も　しあわせ
一日が　おわる

ふたつの時計

今日もつつがなく　一日が終わる
ベッドに身体を　よこたえるとき
母さんは　夜の十時
あなたは　朝の九時

日本は宮崎《みやざき》にいる母さん
アメリカはニューヨークにいるあなた

いま　あなたは学校へお出かけ
いってらっしゃい
気をつけてね

枕《まくら》もとに並《なら》んだ
ふたつの時計
あなたと母さんの絆《きずな》

空の傷《きず》

ある朝
ジェット機が白い尾《お》を引いて
大空をさくように横切っていった
空は泣いた

「ママ　お空がわれているよ」と
幼《おさな》い娘《むすめ》は叫《さけ》んだ
空はうなずいた

鳥たちは空のキズをいたわり
舞《ま》いながら歌うのはレクイエム
空は「ありがとう」と言った

五十年後
宇宙《うちゅう》の中の空
空の底の底には
スペシャル・デブリが飛んでいる

兄ちゃん

祭りの太鼓《たいこ》がひびく　山の斜面《しゃめん》
くねくねくだる坂道
かたわらに　咲《さ》き乱《みだ》れるコスモスの花
瑠璃色《るりいろ》の秋空《あきぞら》がまぶしい

「きれいだね」と　兄ちゃんが
コスモスの花を指さして言った
「うん」と　わたしはうなずいた

赤い花を一本折って
兄ちゃんの胸《むね》のポケットにさした

兄ちゃんは照れながら
わたしの手をとると
小走りに駆《か》けだした
山上《さんじょう》の神社の太鼓の音が
さらに大きく　背《せ》なかを追いかけてきた

生まれたての月

小春日の　あたたかい夕ぐれ
河口岸の　土手にすわって
ばぁちゃんと　お話していた

すると　音もなく
向こう岸　すれすれに
まぁーるいお月さま　ふんわり

ばぁちゃんは　両手をのばし
お月さまを　そーっとすくうと
「ほい」と　私のうでのなかへ

「わーい　大きい」
「オレンジ色のフーセンだ」
私《わたし》は　ふーっと　息を吹きかけた

フーセンは　ゆらりとゆれると
また　もとの所へかえっていった
ばぁちゃんは　やさしく　私に
うなずいた

ときめき

カーテンのすき間から
朝の光がこぼれている
黄金色《こがねいろ》にそまる東の空

ご近所のおばちゃんに頂《いただ》いた
引いたばかりの土大根
すりおろして朝食を飾《かざ》る

さぁ　これから子どもたち相手のお仕事

楽しい会話がまっている

三歳《さい》になったばかりのひろきちゃん
「こうしてね　リュクは着るとよ」と
「背負《せお》う」を「着る」　新鮮《しんせん》
実演《じつえん》してみせる

帰宅《きたく》して少しばかりの疲《つか》れをまとい
ひとりのティタイム

ときめきにみちびかれ
今を生きる　わたしはしあわせ

金平糖《こんぺいとう》のなみだ

凍《い》てつく夜　空から
お星さま　ひとつ
ポロンと　おちた

コロコロ　キラキラ
輝《かがや》きながら　ころがって
金平糖に　なった

手のひらの中の　金平糖
赤　黄　青　おいしそう
どれから　食べようかな

青い金平糖　ふるえて
涙《なみだ》ながら　訴《うった》えた
私《わたし》をお空に　かえしてください

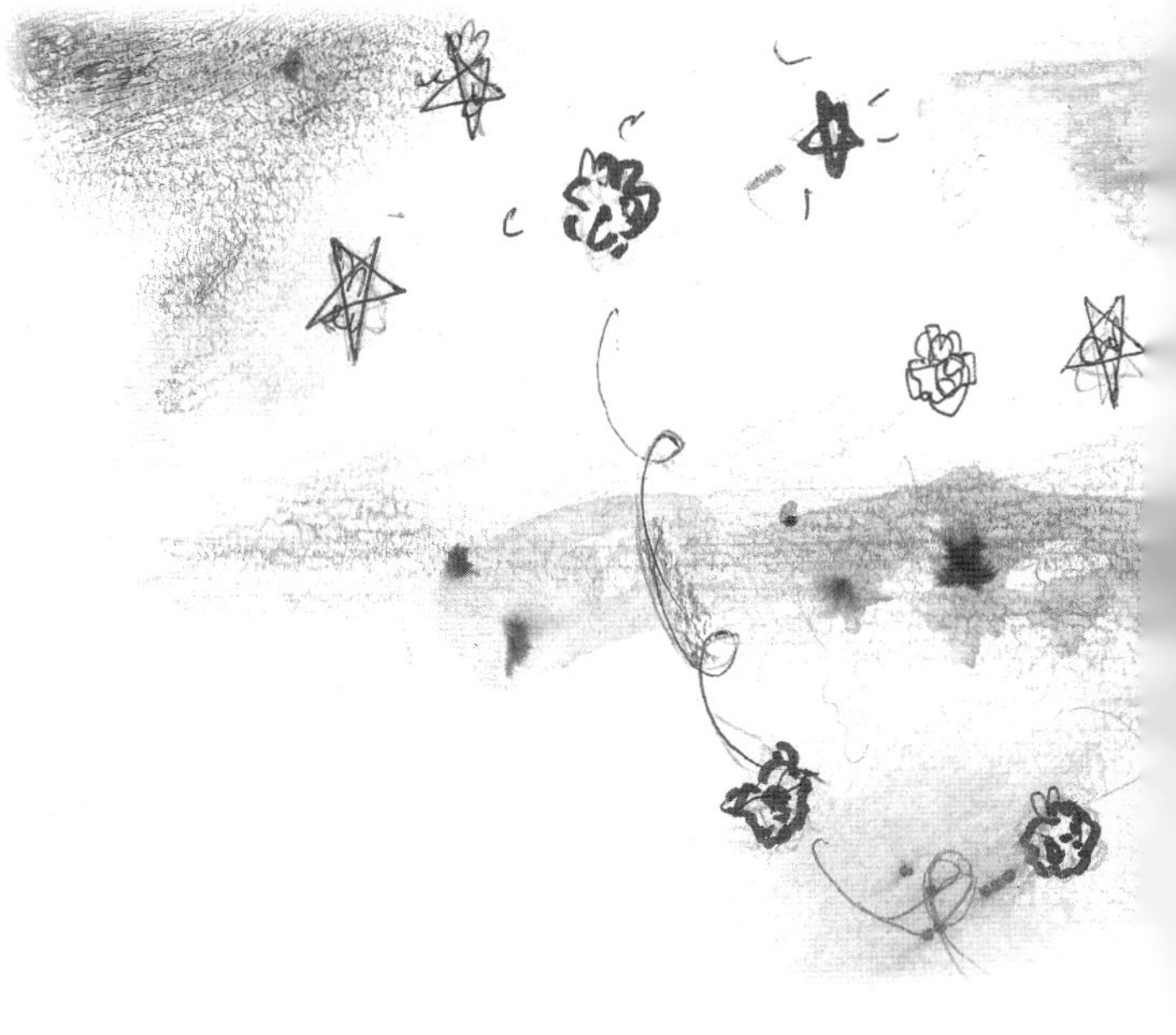

子鹿《バンビ》

森のなかの神社に
お参りにいった帰り道
子鹿に会った

「こんにちは」というと
目と目が合った
同じポーズのままずっと
こちらを見ている

きみはシカなんだね
ぼくはヒトなんだよ
神様がくれた同じ命
仲よくしようね

四つ葉のクローバー

四つ葉のクローバーは
一枚《いちまい》みつけると
次々にみつかり
群生《ぐんせい》している

松林の小道に
いく枚もみつけて　はしゃぐ母
あの時　白い髪《かみ》が輝《かがや》いていた

一枚は名誉《めいよ》
一枚は富《とみ》
一枚は誠実《せいじつ》な恋《こい》
一枚は健康
これで四つ葉のクローバー

ティッシュに　優《やさ》しく包んで持ち帰り
押葉《おしば》にして　栞《しおり》になった

わたしの愛読書に　はさまれて
今も　母は生きている

伊勢《いせ》エビ

日向灘《ひゅうがなだ》でとれた　伊勢エビ
真っ赤にゆでられて　お皿《さら》のうえ

海辺のレストランで
はるか日向灘を　望みながら
あなたの命を　いただきます

これって残酷《ざんこく》？

それとも至福《しふく》？
伊勢海老《いせえび》は　なにも語らない

口の中で　とろける時
わたしの細胞《さいぼう》が　蘇《よみがえ》ります
伊勢エビは　身をゆだねます

食べて食べられて
お互《たが》いに至福《しふく》のひととき

伊勢エビ　ありがとう
人間さま　ありがとう

星ひとつ

一日の　なりわいを終えて
生ゴミすてに　外へでる
冷たい風に吹《ふ》かれ
身も心も　ふるえる

ふと見あげる　夜空一面
凍《い》てつく　星の海
心うばわれ

悠久《ゆうきゅう》のかなたへ

お仕事　ご苦労さまです
ありがとう　ございます
今にも　落ちそうな星ひとつ
風にゆらいで　語りかける

星とわたしの
こころが通い合った一瞬《いっしゅん》

中秋の名月

島ひとつさえぎりのない　水平線
海の上高く　昇《のぼ》っているお月さま
おいでおいでと　手招《てまね》きしている

足もとをザーと　波が洗《あら》い
月へつながる光の帯　キラキラ
階段《かいだん》ができた

お使いの紋黄蝶《もんきちょう》に　みちびかれ
わたしは天女《てんにょ》のように
舞《ま》いながら昇っていく
いつしか　うっとり夢《ゆめ》のなか

足もとをザーと　再《ふたた》び　波が洗った

夢想《むそう》

未来への最期《さいご》の扉《とびら》に　近づいている
わたしは何をして　生きてきたのだろう
あなたは人々に　親切を与《あた》えてきましたよ
感謝《かんしゃ》の意を　表して　ここに
トロフィーを　さしあげます
頂《いただ》いたトロフィーが　かいなに重たくて
夢《ゆめ》から　さめました
そばに　トロフィーは　なかった

走りつづけて生きてきた　わたしの足跡《あしあと》に
積みのこした　荷物が　いくつか
小さくて　かわいい包みは　亡《な》くした恋《こい》
おくてのわたしに　キミが好きだよ　と
固いつぼみを　ほぐしてくれた人
身も心も　甘《あま》い香《かお》りに　満たされて
夢から　さめました
手の中に　赤いバラの花が一本

傘寿《さんじゅ》バンザーイ

ハウス　テン　ボス
光の王国
色とりどりの傘《かさ》の花咲《はなさ》く
アンブレラ　ストリート
銀のしずくがきらめく
わたしの　傘寿バンザーイ
傘寿バンザーイ

人類誕生《たんじょう》から六百万年
生命《いのち》うけついで
重ねること八十年
傘寿バンザーイ
傘寿バンザーイ

一生懸命《いっしょうけんめい》な

朝　目が覚めると
一生懸命な　雨の音
窓《まど》のカーテン開けても
一生懸命な　雨

今日一日　仕事は休み
何をして過《す》ごそうか
晴耕雨読《せいこううどく》？

一生懸命　考える

今を　生きているわたし
一生懸命　生きているわたし
災害《さいがい》の　前触《まえぶ》れのような雨
線状降水帯《せんじょうこうすいたい》？

いつ死んでも　良いと思う
人はいつか　死ぬのだから
急に雨足が　とだえる
黒雲が切れて　光《ひか》り輝《かがや》く青空

年《ねん》賀《が》状《じょう》

みんなの幸せを　願って
ことしも　たくさんの年賀状を出す
宛名《あてな》はワープロ　印刷した文面には
お元気ですか　と一言手書きでそえる

そのなかの一枚《いちまい》に　少しながく
みちこさん　おげんきですか
美しく年を　重ねていってくださいね　と

自分への年賀状を
また　新しい年がはじまる

ゆく年　くる年

テレビに写る　知恩院《ちおんいん》の除夜《じょや》の鐘《かね》
重々しく　画面を揺《ゆ》るがす
昨日から今日へと　時は流れて
わたしは　また一つ歳《とし》を重ねる

病気《やまい》で逝《い》った恩師《おんし》のこと
手をとり　語り合える友のいること
悲しみ　喜びを抱《だ》いて　人は生きていく

命の許《ゆる》されるかぎり

庭先にでれば　ひんやりと　頬《ほお》を打つ空気
遠くより　お寺の鐘が　ゴーン
静寂《しじま》をぬって　闇《やみ》に溶《と》けていく
今を生きていることに　感謝《かんしゃ》

銀の鈴《すず》の音《ね》が　チリリン

オギャーと
げんきな赤ちゃんの産声《うぶごえ》
おめでとう！
銀の鈴の音が　チリリン

人生には　宝石《ほうせき》を散りばめたような
おめでとうが　いっぱいある
年を重ねるごとに　また　折にふれて

おめでとうって　人から言われるとき
おめでとうって　人に言うとき

銀の鈴の音が　チリリン　チリリン
美しい音色が　人を幸せにする

人間　大往生《だいおうじょう》であるとき
銀の鈴の音が　チリリン
おめでとう！　って

空　たかく
ポエムになる

言の葉

言葉のくさりがきれたら　言の葉
言の葉ひらひら　空を舞《ま》う

空たかく　手をさしのべ
指にからませ　つないでいく

あなたが選んで　つないだ言葉
ふんわりと　やさしく　心によりそう

あなたが選んで　つないだ言葉
石のように　冷たく　心に刺《さ》さる
あなたが選んで　つないだ言葉
空　たかく　ポエムになる

言の葉は　つなぎかた次第《しだい》
言の葉に宿る　言霊《ことだま》
言霊さきはふ国　日本

＊注　さきはふ「幸ふ」は、幸福をもたらす、
栄えるという意味の古語。

機上の秋

空をみあげると
荒々《あらあら》しく　台風の近づく黒い雲
ちぎれて　翔《と》んでいる

わたしは　機上の人となり
雲を突《つ》きでると　天上に
ふりそそぐ　お日さまの光
立ちならぶ　雲の峰《みね》　峰

機は　ホバリングしている
静寂《せいじゃく》

機が　ゆるやかに傾《かたむ》いた
空も　傾いた
晴れわたる空を　ゆうゆうと
うろこ雲が　泳いでいる
いまや　秋はたけなわ
心静かに　季節を抱《だ》きしめる

富士山《ふじさん》

わたしは　今　機上の人
窓《まど》の外を見やれば
青い空と白い雲の海
機はまるで　鳥のように
ホバリングしている

と　一瞬《いっしゅん》
機は　おじぎをするかのように

翼《つばさ》をゆらして
白い富士《ふじ》を　ま近に通過《つうか》
わたしは　カメラのシャッターを切った
日本一の山　富士山
心のふるさと

大淀川《おおよどかわ》

わたしの街を
ゆったりと流れる大淀川
河口《かこう》のほとりを散歩するのが好き
うれしい時はうれしいように
悲しい時は悲しいように
わたしの心によりそってくれる

けれど

あの東日本大震災《だいしんさい》の
大津波《おおつなみ》のように
おまえも
牙《きば》をむくのか

有明海《ありあけかい》

有明海は　遠浅《とおあさ》で
干満《かんまん》の差がはげしい
潮《しお》がひくと　海が消えて
銀泥《でい》いろの干潟《ひがた》になる
満潮《まんちょう》のときは　鉛《なまり》いろの
どろ海になる

いま　わたしは

遠くはなれて
空も海も青い　町に住んでいる
海にでて　深《しん》呼吸《こきゅう》すると
ふるさと　有明海の
どろ海が　よみがえる

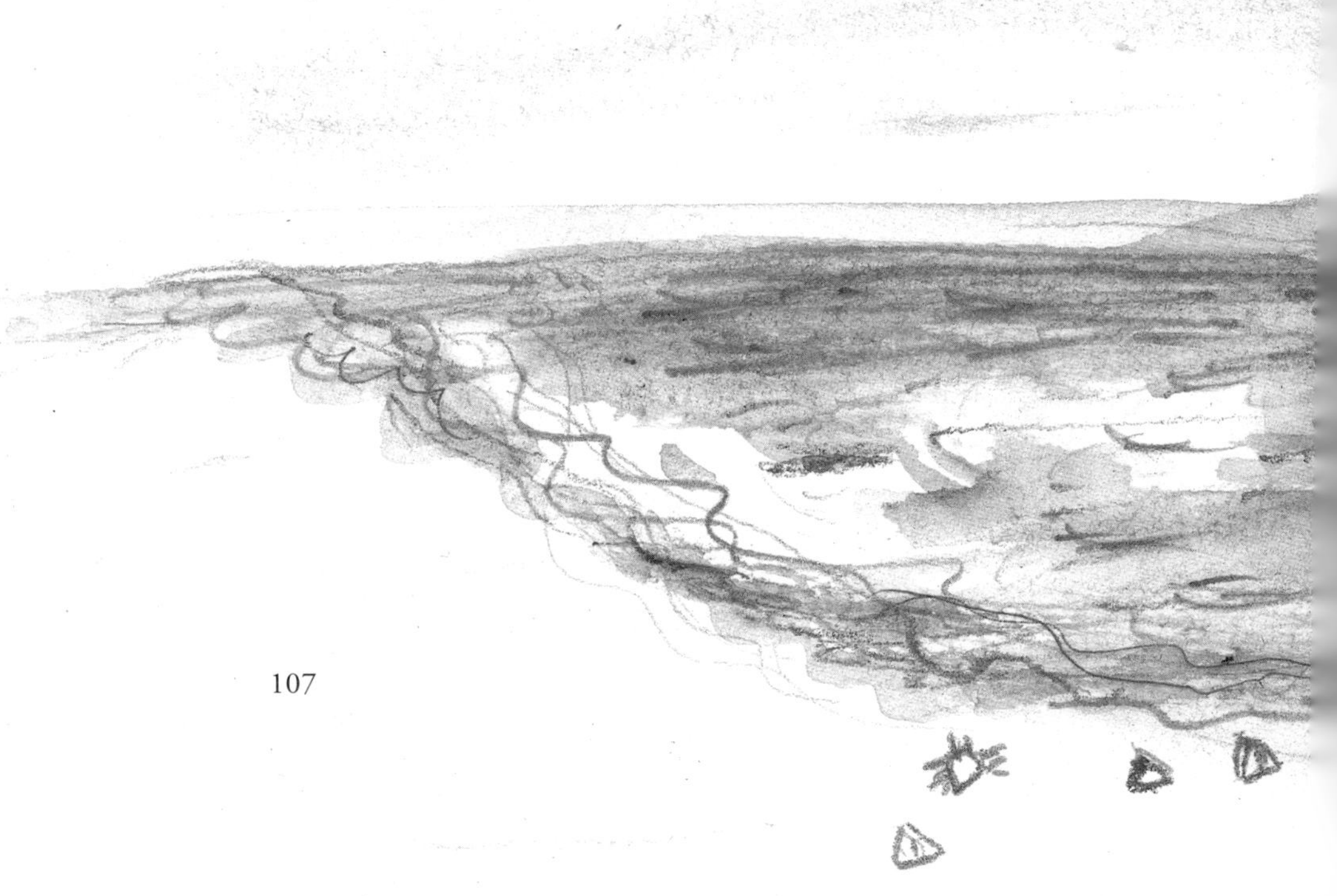

ダイヤモンド桜島《さくらじま》

新しい年の始まり
ゆったりと
噴煙《ふんえん》をくゆらす桜島
元日の一日が終わるとき
人々の想《おも》いを抱《だ》いて　夕日が
いま　沈《しず》んでいく
山の頂《いただき》にかかるや
ダイヤモンド桜島
荘厳《そうごん》！

太陽のカケラ　キラキラ
海面におちて
黄金にそまる
あふれんばかりに
空をも焦《こ》がしながら

時の刻《きざ》みのなかの一瞬《いっしゅん》

やがて
桜島山に　後光がさす

二〇二一年一月一日十七時三分三七秒　霧島市《きりしまし》福山にて

ベイリー・ビーズ

お月さまとお日さまが　出会う朝
ぼくの街の空は　厚《あつ》い雲におおわれた
あー　残念！

その夜テレビで　金環《きんかん》日食をみて
ベイリー・ビーズ*のこと　初めて知った

月の表面の起伏《きふく》の谷間から

太陽の光が点々ともれて
金のリング上に
ビーズのように光かがやく瞬間《しゅんかん》を
ベイリーは学者さんの名前

この次は　きっと
ヒコーキツアーに参加して
雲のうえから　あいさつしよう
ベイリー・ビーズに！

＊注　皆既《かいき》日食や金環日食のさい、太陽と月の縁《ふち》がちょうど重なる瞬間に、山やクレーターなど月の表面のでこぼこを反映《はんえい》して金色の橋が切れ、丸い輝《かがや》きの連なる現象《げんしょう》。

あとがき

保育所勤務のかたわら、ポエムの森に迷い込み、毎日子どもたちとの触れあいに感動を覚え、そこで生まれたのが私の初めての詩集です。

子どもたちの笑い声、泣き声、足跡、一日一日成長していく姿。新鮮です。

森のベンチに座って、詩作を試み、それに連なって見えるもの聞こえるものにも「どうして?」という驚きがあります。小さな発見を観察し、育てていくことが大切だと思います。

ここに、銀の鈴社の西野真由美さま、柴崎俊子さまのお力添えにより、この詩集が生まれましたことに心から感謝申し上げます。

また、串田敦子さまの絵が添えられたことにより、一層の輝きを増し、作詩する者の冥利です。ありがとうございます。

二〇二四年　ジングルベルの曲が流れる日に

いのまたみちこ

詩・いのまたみちこ
保育所に勤務するかたわら、子どもと触れ合う日々の様子を
図書や詩にたくす。
・図書『かわいい ごん』銀の鈴社（1990年）
・図書『ひろくんは』銀の鈴社（2015年）
・CDアルバム「あなたがいる」作詞（2004年）
・CDアルバム「しあわせワールド〜宝子とともに」作詞（2006年）
・CDアルバム「しあわせの風　みらいの風」作詞（2006年）
保育所開設30周年を記念して。

絵・串田　敦子（くしだ　あつこ）

杉野女子短期大学被服デザイナー科卒。

ニットでアパレル勤務。セツモードセミナーで、イラストやタブローを学ぶ。

94年朝日広告賞準大賞受賞。

毎年、ギャラリーで、個展やグループ展を開催、平面や立体の作品を発表している。

「婦人公論」などの女性誌、本の挿し絵などでも活躍中。

林　佐知子詩集『きょうという日』、『天にまっすぐ』、『春はどどど』、『この空につながる』（銀の鈴社）ほか。

NDC911
神奈川　銀の鈴社　2024
114頁　21cm（ありがとうの花）

ジュニアポエムシリーズ　320　　2024年12月25日初版発行
本体1,600円＋税

ありがとうの花

著　　者　いのまた みちこ©　串田敦子・絵
発 行 者　西野大介
編集発行　㈱銀の鈴社 TEL 0467-61-1930　FAX 0467-61-1931
〒248-0017 神奈川県鎌倉市佐助1-18-21万葉野の花庵
https://www.ginsuzu.com
E-mail　info@ginsuzu.com

ISBN978－4－86618－176－9　C8092　　印刷　電算印刷
落丁・乱丁本はお取り替え致します　　製本　渋谷文泉閣

…ジュニアポエムシリーズ…

1. 鈴木 敏史詩集／宮下 琢郎・絵　星の美しい村　★☆
2. 小池 知子詩集／高志 孝子・絵　おにわいっぱいぼくのなまえ　★☆
3. 鶴岡千代子詩集／武田 淑子・絵　白い虹　児文芸新人賞
4. 楠木しげお詩集／久保 雅勇・絵　カワウソの帽子
5. 津坂 治男詩集／垣内 美穂・絵　大きくなったら　★◇
6. 後藤れい子詩集／山本まつ子・絵　あくたれぼうずのかぞえうた
7. 北村 蔦子詩集／柿本 幸造・絵　あかちんらくがき
8. 吉田 瑞穂詩集／吉田 翠・絵　しおまねきと少年　⊠★◎
9. 新川 和江詩集／葉 祥明・絵　野のまつり　★☆
10. 阪田 寛夫詩集／織茂 恭子・絵　夕方のにおい　◈★☆○
11. 高田 敏子詩集／若山 憲・絵　枯れ葉と星　★☆
12. 原田 直友詩集／吉田 翠・絵　スイッチョの歌　★◎
13. 小林 純一詩集／久保 雅勇・絵　茂作じいさん　◉★☆♪◎
14. 谷川俊太郎詩集／長 新太・絵　地球へのピクニック　★◎◇
15. 与田 準一詩集／深沢 省三・深沢 紅子・絵　ゆめみることば　★
16. 岸田 衿子詩集／中谷千代子・絵　だれもいそがない村
17. 江間 章子詩集／榊原 直美・絵　水と風　◇◎
18. 原田 直友詩集／小野 まり・絵　虹―村の風景―　★
19. 福田 正夫詩集／福田 達夫・絵　星の輝く海　★☆
20. 草野 心平詩集／長野ヒデ子・絵　げんげと蛙　★☆○◇
21. 宮田 滋子詩集／青木まさる・絵　手紙のおうち　☆○
22. 久保田昭三詩集／斎藤 彬子・絵　のはらでさきたい
23. 鶴岡千代子詩集／加倉井和夫・武田 淑子・絵　白いクジャク　★♪
24. 尾上 尚子詩集／まど・みちお・絵　そらいろのビー玉　★☆ 児文協新人賞
25. 水上 紅詩集／深沢 紅子・絵　私のすばる　☆
26. 野呂 昶詩集／福島一二三・絵　おとのかだん　★
27. こやま峰子詩集／武田 淑子・絵　さんかくじょうぎ　☆
28. 青戸かいち詩集／駒宮 録郎・絵　ぞうの子だって
29. まきたかし詩集／福田 達夫・絵　いつか君の花咲くとき　★☆♡
30. 薩摩 忠詩集／駒宮 録郎・絵　まっかな秋　★☆♡
31. 新川 和江詩集／福島一二三・絵　ヤァ！ヤナギの木　★☆○♡
32. 井上 靖詩集／駒宮 録郎・絵　シリア沙漠の少年　★☆♡
33. 古村 徹三 詩・絵　笑いの神さま
34. 江上 波夫詩集／青空風太郎・絵　ミスター人類　○☆
35. 秋原 秀夫詩集／鈴木 義治・絵　風の記憶　★◎
36. 水村三千夫詩集／武田 淑子・絵　鳩を飛ばす
37. 久冨 純江詩集／渡辺安芸夫・絵　風車 クッキングポエム
38. 日野 生三詩集／吉野晃希男・絵　雲のスフィンクス　★
39. 佐藤 雅子詩集／佐藤 太清・広瀬きよみ・絵　五月の風　★
40. 小黒 恵子詩集／武田 淑子・絵　モンキーパズル　★
41. 木村 信子詩集／山本 典子・絵　でていった
42. 中野 栄子詩集／吉田 翠・絵　風のうた　☆
43. 宮田 滋子詩集／牧村 慶子・絵　絵をかく夕日　★
44. 大久保テイ子詩集／渡辺安芸夫・絵　はたけの詩　★☆
45. 秋原 秀夫詩集／赤星 亮衛・絵　ちいさなともだち　♥

☆日本図書館協会選定（2015年度で終了）
★全国学校図書館協議会選定（SLA）
□少年詩賞　■茨城県すいせん図書
○厚生省中央児童福祉審議会すいせん図書
♪日本童謡賞　♧岡山県選定図書
♡日本子どもの本研究会選定
♥秋田県選定図書
♣愛媛県教育会すいせん図書
◇岩手県選定図書
◆京都府選定図書
⊠芸術選奨文部大臣賞
◉赤い鳥文学賞　◈赤い靴賞

…ジュニアポエムシリーズ…

46 日友靖子詩集 藤城清治・安西明美・絵 猫曜日だから ◆☆
47 秋葉てる代詩集 武田淑子・絵 ハープムーンの夜に ♡
48 こやま峰子詩集 山本省三・絵 はじめのいーっぽ ★♡
49 黒柳啓子詩集 金子滋・絵 砂かけ狐 ♡
50 三枝ますみ詩集 武田淑子・絵 ピカソの絵 ☆♡♪
51 夢虹二詩集 武田淑子・絵 とんぼの中にぼくがいる ♡○♥
52 はたちよしこ詩集 まど・みちお・絵 レモンの車輪 □♧
53 大岡信詩集 葉祥明・絵 朝の頌歌 ★☆♡♥◎
54 吉田瑞穂詩集 吉田翠・絵 オホーツク海の月 ★☆♡
55 さとう恭子詩集 村上保・絵 銀のしぶき ★☆♡
56 星乃ミミナ詩集 葉祥明・絵 星空の旅人 ★☆♡
57 葉祥明 詩・絵 ありがとう そよ風 ★♡▲
58 青戸かいち詩集 初山滋・絵 双葉と風
59 小野ルミ詩集 和田誠・絵 ゆきふるるん ★☆♪♡
60 なぐもはるき 詩・絵 たったひとりの読者 ★♡♧

61 小関秀夫詩集 小倉玲子・絵 風《かぜ》栞《しおり》 ★♡♥
62 海沼松世詩集 守下さおり・絵 かげろうのなか ☆♡
63 山本龍生詩集 小倉玲子・絵 春行き一番列車 ♡
64 小泉周二詩集 深沢省三・絵 こもりうた ★☆♡
65 かわてせいぞう詩集 若山憲・絵 野原のなかで ♡★♥
66 えぐちまき詩集 赤星亮衛・絵 ぞうのかばん ♡◆♥
67 池田あきつ詩集 小倉玲子・絵 天気雨 ♡
68 藤井則行詩集 君島美知子・絵 友へ ♡♤
69 藤哲生詩集 武田淑子・絵 秋いっぱい ★♠
70 日友靖子詩集 深沢紅子・絵 花天使を見ましたか ★
71 吉田瑞穂詩集 吉田翠・絵 はるおのかきの木 ★
72 小島禄琅詩集 中村陽子・絵 海を越えた蝶 ★☆♥♡
73 にしおまさこ詩集 杉田幸子・絵 あひるの子 ★
74 山下竹二詩集 徳田徳志芸・絵 レモンの木 ★
75 高崎乃理子詩集 奥山英俊・絵 おかあさんの庭 ★♡

76 檜きみこ詩集 広瀬弦・絵 しっぽいっぽん ★♪□☆♡
77 たかはしけいこ詩集 高田三郎・絵 おかあさんのにおい ♡♣□
78 星乃ミミナ詩集 深澤邦朗・絵 花かんむり ♥☆♡
79 佐藤照雄詩集 津波信久・絵 沖縄 風と少年 ☆♡★
80 相馬梅子詩集 やなせたかし・絵 真珠のように ♥★
81 小島禄琅詩集 深沢紅子・絵 地球がすきだ ★
82 鈴木美智子詩集 黒澤梧郎・絵 龍のとぶ村 ◇★♥
83 いがらしれいこ詩集 高田三郎・絵 小さなてのひら ☆
84 宮入黎子詩集 小倉玲子・絵 春のトランペット ☆★
85 下田喜久美詩集 方振寧・絵 ルビーの空気をすいました ☆
86 野呂昶詩集 方振寧・絵 銀の矢ふれふれ ★
87 ちよはらまちこ詩集 ちよはらまちこ・絵 パリパリサラダ ★
88 秋原秀夫詩集 徳田徳志芸・絵 地球のうた ☆★
89 中島あやこ詩集 井上緑・絵 もうひとつの部屋 ★
90 藤川こうのすけ詩集 葉祥明・絵 こころインデックス ☆

✲サトウハチロー賞
☼三木露風賞
♤福井県すいせん図書
▲神奈川県児童福祉審議会推薦優良図書
♠奈良県教育研究会すいせん図書
✧北海道選定図書
◇静岡県すいせん図書
◎学校図書館図書整備協会選定図書（SLBA）
✣毎日童謡賞
❀三越左千夫少年詩賞

…ジュニアポエムシリーズ…

△長野県教育委員会すいせん図書　✡㈶日本動物愛護協会推薦図書
◈茨城県推奨図書　●児童ペン賞

…ジュニアポエムシリーズ…

136 秋葉てる代詩集 やなせたかし・絵 おかしのすきな魔法使い ♪★
137 青戸かいち詩集 永田萠・絵 小さなさようなら ⊛★
138 柏木恵美子詩集 高田三郎・絵 雨のシロホン ♡★
139 藤井則行詩集 阿見みどり・絵 春だから ♡★◎
140 黒田勲子詩集 山中冬児・絵 いのちのみちを
141 南郷芳明詩集 的場豊子・絵 花時計
142 やなせたかし 詩・絵 生きているってふしぎだな
143 内田麟太郎詩集 斎藤隆夫・絵 うみがわらっている
144 しまざきふみ詩集 島崎奈緒・絵 こねこのゆめ ♡
145 糸永えつこ詩集 武井武雄・絵 ふしぎの部屋から ♡
146 石坂きみこ詩集 鈴木英二・絵 風の中へ ♡
147 坂本のこ詩集 坂本こう・絵 ぼくの居場所 ♡
148 島村木綿子 詩・絵 森のたまご ⊛
149 楠木しげお詩集 わたせせいぞう・絵 まみちゃんのネコ ★
150 牛尾良子詩集 上矢津・絵 おかあさんの気持ち ♡

151 三越左千夫詩集 阿見みどり・絵 せかいでいちばん大きなかがみ ★
152 水村三千夫詩集 高見八重子・絵 月と子ねずみ
153 川越文子詩集 横松桃子・絵 ぼくの一歩ふしぎだね ★
154 すずきゆかり詩集 葉祥明・絵 まっすぐ空へ
155 西田純詩集 葉祥明・絵 木の声 水の声
156 清野倭文子詩集 水科舞・絵 ちいさな秘密《ひみつ》
157 川奈静詩集 直江みちる・絵 浜ひるがおはパラボラアンテナ ★◎
158 若木良水詩集 西真里子・絵 光と風の中で
159 牧陽子詩集 渡辺あきお・絵 ねこの詩 ★◎
160 宮田滋子詩集 阿見みどり・絵 愛一輪 ★◎
161 井上灯美子詩集 唐沢静・絵 ことばのくさり ☆♪
162 滝波万理子詩集 滝波裕子・絵 みんな王様《おうさま》 ★♪
163 冨岡みち詩集 関口コオ・絵 かぞえられへん せんぞさん ★
164 垣内磯子詩集 辻恵子・切り絵 緑色のライオン ★◎
165 すぎもとれいこ詩集 平井辰夫・絵 ちょっといいことあったとき ★

166 岡田喜代子詩集 おぐらひろかず・絵 千年の音 ★☆◎
167 川奈静詩集 直江みちる・絵 ひもの屋さんの空 ★◎☆♥♡
168 鶴岡千代子詩集 武田淑子・絵 白い花火 ★☆
169 井上灯美子詩集 唐沢静・絵 ちいさい空をノックノック ★◎☆
170 尾崎杏子詩集 ひなた山すじゅう郎・絵 海辺のほいくえん ☆♡★◎
171 柘植愛子詩集 やなせたかし・絵 たんぽぽ線路 ☆♡★◎♪
172 小林比呂古詩集 うめざわのりお・絵 横須賀スケッチ ☆★◎♡▲
173 林佐知子詩集 串田敦子・絵 きょうという日 ☆★◎♡▲
174 後藤基宗子詩集 岡澤由紀子・絵 風とあくしゅ ☆♥★◎♡
175 土屋律子詩集 高瀬のぶえ・絵 るすばんカレー ☆♡★◎▲
176 三輪アイ子詩集 深沢邦朗・絵 かたぐるましてよ ★☆♡
177 田辺瑞美子詩集 西真里子・絵 地球賛歌 ☆★◎
178 高瀬美代子詩集 小倉玲子・絵 オカリナを吹く少女 ☆♡
179 中野惠子詩集 串田敦子・絵 コロポックルでておいで ★♡☆♪
180 松井節子詩集 阿見みどり・絵 風が遊びにきている ★☆♡▲

…ジュニアポエムシリーズ…

- 181 新谷智恵子詩集 徳田徳志芸・絵 とびたいペンギン 佐世保文学賞 ♡★◎▲
- 182 牛尾良子詩集 牛尾征治・写真 庭のおしゃべり ♡★◎
- 183 三枝ますみ詩集 高見八重子・絵 サバンナの子守歌 ☆★
- 184 佐藤雅子詩集 佐藤太清・絵 菊池治子 空の牧《まき》場《ば》 ☆★♡■◎◈
- 185 山内弘子詩集 おぐらひろかず・絵 思い出のポケット ♡★♪
- 186 山内弘子詩集 阿見みどり・絵 花の旅人 ♡★▲
- 187 原国子詩集 牧野鈴子・絵 小鳥のしらせ ♡★△◎
- 188 人見敬子 詩・絵 方《はこ》舟《ぶね》地球号 ―いのちは元気― ♡★◎
- 189 林佐知子詩集 串田敦子・絵 天にまっすぐ ★☆♡◎
- 190 小臣富子詩集 渡辺あきお・絵 わんさかわんさかどうぶつさん ✡♡★◎
- 191 川越文子詩集 かまだちえみ・写真 もうすぐだからね ♡★◎
- 192 永田喜久男詩集 武田淑子・絵 はんぶんごっこ ☆★◎♡
- 193 吉田房子詩集 大和田明代・絵 大地はすごい ★◎♡▲
- 194 石井春香詩集 高見八重子・絵 人魚の祈り ★♡
- 195 石原一輝詩集 小倉玲子・絵 雲のひるね ♡
- 196 たかはしけいこ詩集 髙橋敏彦・絵 そのあと ひとは ★
- 197 宮田滋子詩集 おおた慶文・絵 風がふく日のお星さま ★♡◎
- 198 渡辺恵美子詩集 つるみゆき・絵 空をひとりじめ ★♡♪
- 199 宮中雲子詩集 西真里子・絵 手と手のうた ★
- 200 杉本深由起詩集 太田大八・絵 漢字のかんじ ★♡✿
- 201 井上灯美子詩集 唐沢静・絵 心の窓が目だったら ★♡
- 202 峰松晶子詩集 おおた慶文・絵 きばなコスモスの道 ★♡
- 203 高橋文子詩集 山中桃子・絵 八丈太鼓 ★♡
- 204 長野貴子詩集 武田淑子・絵 星座の散歩 ★♡
- 205 江口正子詩集 高見八重子・絵 水の勇気 ♡☆★
- 206 藤本美智子 詩・絵 緑のふんすい ☆♡★
- 207 林佐知子詩集 串田敦子・絵 春はどどど ♡★◎
- 208 小関秀夫詩集 阿見みどり・絵 風のほとり ☆♡★▲
- 209 宗美津子詩集 宗信寛・絵 きたのもりのシマフクロウ ♡★
- 210 かわてせいぞう詩集 髙橋敏彦・絵 流れのある風景 ☆♡★
- 211 土屋律子詩集 高瀬のぶえ・絵 ただいまぁ ★♡☆◎▲
- 212 永田喜久男詩集 武田淑子・絵 かえっておいで ☆♡★
- 213 みたみちこ詩集 牧進・絵 いのちの色 ♡★
- 214 糸永えつこ詩集 糸永わかこ・絵 母です 息子です おかまいなく ♡☆★
- 215 宮田滋子詩集 武田淑子・絵 さくらが走る ♡☆★♪
- 216 柏木恵美子詩集 吉野晃希男・絵 ひとりぼっちの子クジラ ♡★◎
- 217 江口正子詩集 髙見八重子・絵 小さな勇気 ♡☆★
- 218 井上灯美子詩集 唐沢静・絵 いろのエンゼル ★♡
- 219 中島あやこ詩集 日向山寿十郎・絵 駅伝競走 ★☆♡
- 220 高橋孝治詩集 髙見八重子・絵 空の道 心の道 ★♡
- 221 江口正子詩集 日向山寿十郎・絵 勇気の子 ♡☆★
- 222 宮田滋子詩集 牧野鈴子・絵 白鳥よ ☆★
- 223 井上良子詩集 銅版画 太陽の指環 ★
- 224 川越文子詩集 山中桃子・絵 魔法のことば ♡☆★
- 225 西本みさこ詩集 上司かのん・絵 いつもいっしょ ☆♡

…ジュニアポエムシリーズ…

226	おばらいちこ詩集 髙見八重子・絵	ぞうのジャンボ	☆★♡
227	吉田房子詩集 本田あまね・絵	まわしてみたい石臼	★♡
228	吉田房子詩集 阿見みどり・絵	花詩集	★♡◎
229	田中たみ子詩集 唐沢静・絵	へこたれんよ	★◎
230	林佐知子詩集 串田敦子・絵	この空につながる	★♡
231	藤本美智子 詩・絵	心のふうせん	★♡
232	火星雅範詩集 西川律子・絵	ささぶねうかべたよ	★♡▲
233	吉田房子詩集 岸田歌子・絵	ゆりかごのうた	★♡
234	むらかみみちこ詩集 むらかみみちこ・むらかみあくる・絵	風のゆうびんやさん	★♡
235	白谷玲花詩集 阿見みどり・絵	柳川白秋めぐりの詩	★♡
236	ほさかとしこ詩集 内山つとむ・絵	神さまと小鳥	★☆♡
237	内田麟太郎詩集 長野ヒデ子・絵	まぜごはん	☆★◎♡▲
238	小林比呂古詩集 出口雄大・絵	きりりと一直線	♡★
239	牛尾良子詩集 おぐらひろかず・絵	うしの土鈴とうさぎの土鈴	★◎♡
240	山本純子詩集 ルイコ・絵	ふふふ	★♡☆◎
241	神田亮 詩・絵	天使の翼	★☆♡
242	かんざわみえ詩集 阿見みどり・絵	子供の心大人の心さ迷いながら	☆★◎▲
243	永田喜久男詩集 内山つとむ・絵	つながっていく	★☆♡
244	浜野木碧 詩・絵	海原散歩	☆★◎♡
245	やまうち・しゅうへい詩集 山本省三・絵	風のおくりもの	☆★◎♡
246	すぎもとれいこ 詩・絵	てんきになあれ	★◎
247	冨岡みち詩集 加藤真夢・絵	地球は家族 ひとつだよ	♡☆◎★
248	北野千賀詩集 滝波裕子・絵	花束のように	♡☆★◎
249	石原一輝詩集 加藤真夢・絵	ぼくらのうた	♡★◎
250	土屋律子詩集 高瀬のぶえ・絵	まほうのくつ	♡☆★◎▲
251	津坂治男詩集 井上良子・絵	白い太陽	☆♡★◎
252	石井英行詩集 よしだちなつ・表紙絵	野原くん	☆★♡◎▲
253	井上灯美子詩集 唐沢静・絵	たからもの	☆♡★
254	大竹典子詩集 加藤真夢・絵	おたんじょう	☆★
255	たかはしけいこ詩集 織茂恭子・絵	流れ星	★♡
256	谷川俊太郎詩集 下田昌克・絵	そして	♡★◎
257	なんば・みちこ詩集 布下満・絵	トックントックン 大空で大地で	★◎
258	宮本美智子詩集 阿見みどり・絵	夢の中に そっと	★◎♡
259	成本和子詩集 阿見みどり・絵	天使の梯子	★◎
260	海野文音詩集 牧野鈴子・絵	ナンドデモ	★♡
261	熊谷本郷詩集 永田萠・絵	かあさん かあさん	★♡
262	大楠翠詩集 吉野晃希男・絵	おにいちゃんの紙飛行機	★♡♪
263	久保恵子詩集 たかせちなつ・絵	わたしの心は 風に舞う	★♡
264	みずかみさやか詩集 葉祥明・絵	五月の空のように	★♡
265	尾崎昭代詩集 中辻アヤ子・絵	たんぽぽの日	★
266	はやしゆみ詩集 渡辺あきお・絵	わたしはきっと小鳥	★
267	田沢節子詩集 永田萠・絵	わき水ぷっくん	△★♡
268	柘植愛子詩集 そねはらまさえ・絵	赤いながぐつ	★♡
269	馬場与志子詩集 日向山寿十郎・絵	ジャンケンポンでかくれんぼ	♡★
270	内田麟太郎詩集 高畠純・絵	たぬきのたまご	★●♡

…ジュニアポエムシリーズ…

- 271 むらかみみちこ 詩・絵　家族のアルバム ★♡
- 272 井上和子詩集　吉田瑠美・絵　風のあかちゃん ★♡
- 273 佐藤一志詩集　日向山寿十郎・絵　自然の不思議 ♡★
- 274 小沢千恵 詩・絵　やわらかな地球 ♡★
- 275 あべこうぞう詩集　大谷さなえ・絵　生きているしるし ♡★
- 276 宮田滋子詩集　田中槇子・絵　チューリップのこもりうた ★♡
- 277 林佐知子詩集　葉祥明・絵　空の日 ★♡
- 278 いしがいようこ 詩・絵　ゆれる悲しみ ★♡
- 279 村瀬保子詩集　武田淑子・絵　すきとおる朝 ♡★
- 280 あわのゆりこ詩集　高畠純・絵　まねっこ ★♡
- 281 川越文子詩集　福田岩緒・絵　赤い車 ★♡
- 282 白石はるみ詩集　かないゆみこ・絵　エリーゼのために ★♡
- 283 尾崎杏子詩集　日向山寿十郎・絵　ぼくの北極星 ♡★
- 284 壱岐梢詩集　葉祥明・絵　ここに ★
- 285 野口正路詩集　山手正彦・絵　光って生きている ★◎
- 286 樋口てい子詩集　串田敦子・絵　ハネをもったコトバ ★◎
- 287 火星雅範詩集　西川律子・絵　ささぶねにのったよ
- 288 大楠翠詩集　吉野晃希男・絵　はてなとびっくり ★◎❀
- 289 大澤清詩集　阿見みどり・絵　組曲 いかに生きるか ★
- 290 たかはしけいこ詩集　織茂恭子・絵　いっしょ ★♡◎
- 291 内田麟太郎詩集　大野八生・絵　なまこのぽんぽん ★◎○
- 292 はやしゆみ詩集　はなてる・絵　こころの小鳥 ♡★◎
- 293 いしがいようこ 詩・絵　あ・そ・ぼ！ ★♡◎
- 294 帆草とうか 詩・絵　空をしかくく切りとって ★♡
- 295 土屋律子詩集　吉野晃希男・絵　コピーロボット ★◎♡
- 296 川上佐貴子詩集　はなてる・絵　アジアのかけ橋 ♡★◎
- 297 西沢杏子詩集　東逸子・絵　さくら貝とプリズム ♡★◎
- 298 鈴木初江詩集　小倉玲子・絵　めぐりめぐる水のうた ★◎
- 299 白谷玲花詩集　牧野鈴子・絵　母さんのシャボン玉 ◎★
- 300 ゆふあきら詩集　ゆふくみこ・絵　やまぐちかおる・絵　すずめのバスケ ♡★◎
- 301 半田信和詩集　吉野晃希男・絵　ギンモクセイの枝先に ★◎
- 302 弓削田健介詩集　葉祥明・絵　優《やさ》しい詩《うた》のお守《まも》りを ★♡
- 303 内田麟太郎詩集　井上コトリ・絵　たんぽぽぽぽぽ ★◎♡
- 304 宮本美智子詩集　阿見みどり・絵　水色の風の街 ★◎♡
- 305 星野良一詩集　ながしまよいち・絵　星の声、星の子へ ◎♡★❀
- 306 うたかいずみ詩集　しんやゆう子・絵　あしたの木 ♪♡★◎
- 307 藤本美智子 詩・絵　木の気分 ♡★◎
- 308 大迫弘和詩集　葉祥明・絵　ルリビタキ ★◎
- 309 林佐知子詩集　髙見八重子・絵　いのちの音 ★
- 310 森木林詩集　葉祥明・絵　あたたかな風になる ★♡
- 311 内田麟太郎詩集　かみやしん・絵　たちつてと ★♡
- 312 星野良一詩集　ながしまよいち・絵　スターライト ★◎♡
- 313 雨森政恵詩集　おむらまりこ・絵　いのちの時間 ★◎
- 314 神内八重詩集　田辺玲・絵　あたま なでてもろてん
- 315 網野秋詩集　西川律子・絵　ことばの香り

ジュニアポエムシリーズは、子どもにもわかる言葉で真実の世界をうたう個人詩集のシリーズです。

本シリーズからは、毎回多くの作品が教科書等の掲載詩に選ばれており、1974年以来、全国の小・中学校の図書館や公共図書館等で、長く、広く、読み継がれています。

心を育むポエムの世界。

一人でも多くの子どもや大人に豊かなポエムの世界が届くよう、ジュニアポエムシリーズはこれからも小さな灯をともし続けて参ります。

＊刊行の順番はシリーズ番号と異なる場合があります。

銀の小箱シリーズ

四六変型

葉 祥明 詩・絵　小さな庭

若山 憲 詩・絵　白い煙突

こばやしひろこ・詩 うめざわのりお・絵　みんななかよし

江口 正子・詩 油野 誠一・絵　みてみたい

やなせたかし 詩・絵　あこがれよなかよくしよう

冨岡 みち・詩 関口 コオ・絵　ないしょやで

小林比呂古・詩 神谷 健雄・絵　花かたみ

小泉 周二・詩 辻 友紀子・絵　誕生日・おめでとう

柏原 耿子・詩 阿見みどり・絵　アハハ・ウフフ・オホホ★♡▲

こばやしひろこ・詩 うめざわのりお・絵　ジャムパンみたいなお月さま★▲

小さな詩の絵本

オールカラー・A6判

内田麟太郎・詩 たかすかずみ・絵　いっしょに♡★◎

すずのねえほん

B5判・A4変型版

たかはしけいこ・詩 中釜浩一郎・絵　わたし★◎

尾上 尚子・詩 小倉 玲子・絵　ぽわぽわん

糸永えつこ・詩 高見八重子・絵　はるなつあきふゆもうひとつ★児文芸新人賞

山口 敦子・詩 高橋 宏幸・絵　ばあばとあそぼう

あらい・まさはる・童謡 しのはらはれみ・絵　けさいちばんのおはようさん

佐藤 雅子・詩 佐藤 太清・絵　こもりうたのように♪ 美しい日本の12ヵ月 日本童謡賞

柏木 隆雄・詩 やなせたかし他・絵　かんさつ日記★♡

マリウス・マルツィンケヴィチウス・詩 ラサ・ヤンチャウスカイテ・絵 きむらあや・訳　ちいさなちいさな♡◎★

銀の鈴文庫

文庫サイズ・A6判

小沢 千恵・詩 下田 昌克・絵　あのこ♡▲

アンソロジー

A5判

渡辺 浦人・編 村上 保・絵　赤い鳥青い鳥♪

わたげの会・編 渡辺あきお・絵　花ひらく★

木曜会・編 西真里子・絵　いまも星はでている★

木曜会・編 西真里子・絵　いったりきたり♡

木曜会・編 西真里子・絵　宇宙からのメッセージ

木曜会・編 西真里子・絵　地球のキャッチボール★◎

木曜会・編 西真里子・絵　おにぎりとんがった☆★◎

木曜会・編 西真里子・絵　みぃーつけた♡★◎

木曜会・編 西真里子・絵　ドキドキがとまらない

木曜会・編 西真里子・絵　神さまのお通り★

木曜会・編 西真里子・絵　公園の日だまりで★♡

木曜会・編 西真里子・絵　ねこがのびをする♡★

掌の本 アンソロジー

A7判

こころの詩Ⅰ 品切

しぜんの詩Ⅰ

いのちの詩Ⅰ 品切

ありがとうの詩Ⅰ 品切

詩集 希望

詩集 家族

いのちの詩集—いきものと野菜

ことばの詩集—方言と手紙

詩集—夢・おめでとう

詩集—ふるさと・旅立ち

掌の本

A7判

森埜こみち・詩　こんなときは！